ひもさえあれば いつでも どこでも 楽しめる ①

藤田浩子の
あやとりでおはなし

藤田浩子 ❋ 編著　　保坂あけみ ❋ 絵

一声社

はじめに

　ひもが1本あれば、こんなに楽しくあそべます。レストランや病院の待ち時間に、電車やバスに乗ったときに、雨が降って外あそびができない日に、一緒にあそんでみてください。お出かけするときには、ひもを1本バッグに入れていきましょう。

　1章のあそびは主に「見てもらう」あやとりです。親子で楽しむだけでなく、おはなし会などで大勢（と言っても20人ぐらいが限度でしょうけれど）の子どもにも楽しんでもらえます。作り方を教えるわけではありませんから、ひとつひとつのひものとり方を見せなくてもいいのです。おはなしのほうに重点を置いて、たとえば『あやとり貸して』（12ページ）では、「お父さんがあそんでいます」で親指にかけたひもを見せ、「お母さんに貸しました」で人さし指に移ったひもを見せればいいし、『10人の子がからまった』（20ページ）では、「まだまだくぐってくぐってくぐって」と言いながら、最後に身動きできない状態を見せればいいのです。そしてだれかに引っぱってもらって、ひもがするりと抜けたら、きっと子どもたちは「マジック！」と言いながら喜んでくれるでしょう。

　2章は、子どもと一緒に作ってあそぶあやとりです。子どもに教えるときには、大人と子どもが1対1、多くても1対5人ぐらいまででないと無理でしょう。子どもと同じ向きに座って、自分の手元を見せながら、「親指さんにひもをかけ」と、ひとつひとつのやり方をリズムのあるやさしい言葉にして教えてあげましょう。幼い子ならひざに乗せて教えてあげたら楽しいですね。

🔴 聞いてくれる子どもが大勢でも少人数でも、あやとりは想像力がないと楽しめません。ただのひも1本をわなに見立てたり家に見立てたりすべりだいに見立てたりするわけですからね。その「見立てる力」が子どもの想像力を刺激し、次には自分の指を動かすことで脳も刺激され、新しいものを創造する力になっていくことでしょう。

🟢 私が子どものころは、あそび仲間のお兄さんやお姉さんから、いろいろなあそびを教えてもらいました。外であそぶまりつきやコマまわしのあそび方も、家の中であそぶお手玉や絵かき歌などのあそび方も、みんな年上のあそび仲間に教えてもらったのです。もちろんあやとりもあそび仲間のお姉さんに教えてもらいました。でも、今は年上の子とあそぶ機会が少なくなって、子どもから子どもへとあそびが伝わっていきません。大人がちょっと手助けして、こういうあそびを伝えていきたい、そしてもっともっと子どもとあそんでほしいと思っています。

　子どもとあそぶと言っても、「さあ、あそぼう！」と構える必要はありません。ひも1本あれば、新聞紙1枚あれば、紙と鉛筆があれば…、いえいえ、何にもなくてもあそべます。このシリーズでは、身近なちょっとしたもので、または、何にもなくても楽しくあそべるあそびをたくさん紹介していきますので、子どもとあそぶヒントにしてくだされば、とてもうれしいです。

もくじ

はじめに …… 2
あやとりをはじめる前に …… 5

第1章 おはなしであそぼう

キツネとわな …… 8
すべりだい …… 10
あやとり貸して …… 12
なかよし家族 …… 16
10人の子がからまった …… 20
蚊 …… 24
あくび …… 28
大きなおうち …… 30
テーブルあやとり 三角／四角 …… 34
テーブルあやとり お絵かきごっこ …… 35
テーブルあやとり 電車ごっこ …… 36

第2章 作ってあそぼう

引っぱりほうき …… 38
たいこ橋 …… 40
あやとりうらない …… 42
輪落とし …… 44
パンパンほうき …… 46
ぶんぶく茶がま❶（自分の手とパチン）…… 48
ぶんぶく茶がま❷（相手の手とパチン）…… 50
カニ …… 52
さかずきの変身（連続あやとり）…… 54

あやとりをはじめる前に

あやとりのひもについて

長さ

あやとりのひもは、手の大きさや、作る形の複雑さによって、使いやすい長さが違ってきます。だいたい160cmくらいがいいですが、この本では、形を作るだけでなく、ひもを使った手品などを紹介していますので、少し短いひも（140cmくらい）のほうがやりやすいようです。

幼児の場合は、はじめてあやとりをするときには、もう少し短いもの（120cmくらい）が扱いやすいですが、慣れてくれば大人用のひもでも、じゅうぶん使いこなせます。

素材

今は、ナイロンやレーヨン製の結び目のないあやとりひもが市販されていますが、毛糸があればそれを輪にするだけでもいいですし、荷造りひもなどでもあそべます。

※ナイロン製のあやとりひもは、一声社でも販売しています

図の見方

この本では、あやとりをやりながらおはなしをしたり、歌ったりします。下図のように、あやとりの「やり方」、「順番」、そのときに言う「言葉や歌詞」を、それぞれの図につけています。

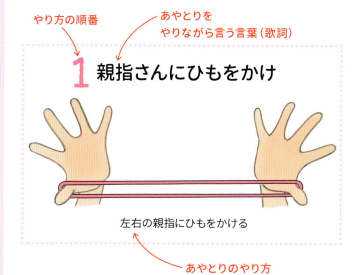

やり方を図解している絵は、基本的には、あやとりをしている本人から見たものになっていますが、第1章で紹介するあやとりは、子どもに見せてあげるおはなし付きのあやとりですので、子どもから見た絵になっているものもあります。

図中の記号について

あやとりのひもの上や、ひもとひもの間に次のような記号をつけています。

- **丸印**（● ● ……など、色は様々あります）
  とってくるひもや、引っぱるひもです

- **星印**（★ ★ ……など、色は様々あります）
  指を入れたり、手を入れたりするところです

- **ひし形印**（◆）
  指からはずすひもです

- **三角印**（▲）
  持ち上げたり、口でくわえたりするひもです

ひものとり方の基本

例「●のひもを右中指でとる」やり方

●印のついているひもを

右手中指で図のように引っかけて、

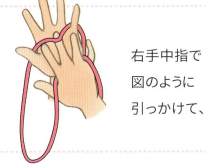

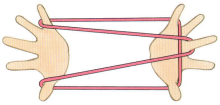

左右に手を広げて（ひものたるみをなくし）、右手中指にひもがかかった状態にする

第1章 おはなしであそぼう

子どもにおはなしをしてあげましょう

かんたんなあやとりあそびを
おはなし仕立てにしてあります。
やり方を覚えたら、
おはなしは自分流にアレンジしてあそんでみてください。

※やり方を図解している絵は、
　あやとりをしている本人から見たものと、
　見ている子どものほうから見たものとがあります。

キツネとわな

輪の中に入ったキツネが、するりと抜け出す手品あやとりです。

1 腹ぺこギツネがやってきた
「あぁ、腹へったぁ腹へった、
何か食うものないかなぁ、
あそこにアヒルがいるけれど、
池の中では無理だしなぁ、
あそこにウサギがいるけれど、
小屋の中では無理だしなぁ、
あぁ、腹へったぁ腹へった、
何か食うものないかなぁ」

右手でキツネの形を作り、あちこち探しているように動かす

4 「あ、たいへんだ！たいへんだ！」

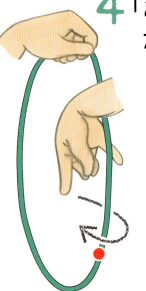

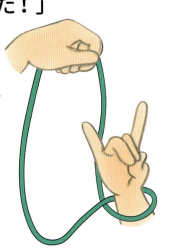

キツネを右下に向けて、●のひもを輪の外側から人さし指にかけながら、

5 「なんとか逃げなくては……」

輪の左外側に人さし指を持っていき▲のひもの向こう側を通り、★のところにキツネを入れる

2

「あ、あそこに
ニワトリがいる、
それもあしを縛られて、
しめしめ食ってやろう」
わなとも知らずに入ったら

左手でひもを持って、
右手のキツネを輪の中に入れる

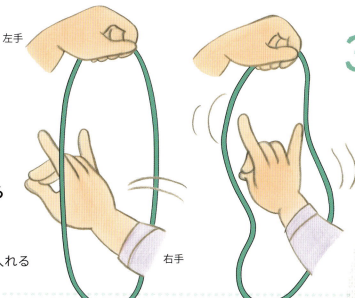

3 ガチャン！

ひもを少しゆらす

6 「あぁ、よかった抜け出せた！」

そのままキツネを
右に動かす

ひとこと

じょうずにできるようになったら、わなに入ったキツネがからまってしまったように見せかけてから抜け出すと、よりおもしろくなります。
右手に黄色い手袋をはめてキツネにしてもいいですね。
また、キツネでなくても、「おまんじゅうの大好きなおばあちゃん、おまんじゅうを見つけつまみ食いをしようと思ったら……」、などと、ご自由におはなしを作ってください。

すべりだい

最初に何事も起こらない
「すべりだい」を
2回か3回して、
そのあと、消える
「すべりだい」をすると、
驚いてくれます。

※手のひらは、子どものほうに向けます

1 太郎ちゃんと花ちゃんが公園にあるすべりだいであそんでいます
はじめに太郎ちゃんがすべります

図のようにひもをかけ、次に、●のひもを

2 すべりだい

下に引っぱる

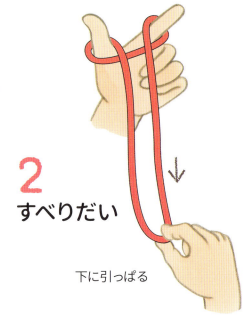

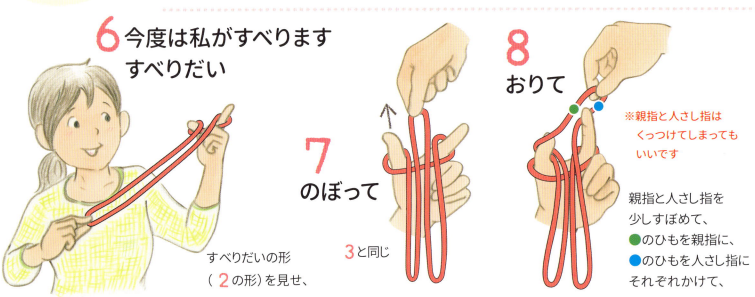

6 今度は私がすべります
すべりだい

すべりだいの形（2の形）を見せ、

7 のぼって

3と同じ

8 おりて

※親指と人さし指はくっつけてしまってもいいです

親指と人さし指を少しすぼめて、
●のひもを親指に、
●のひもを人さし指に
それぞれかけて、

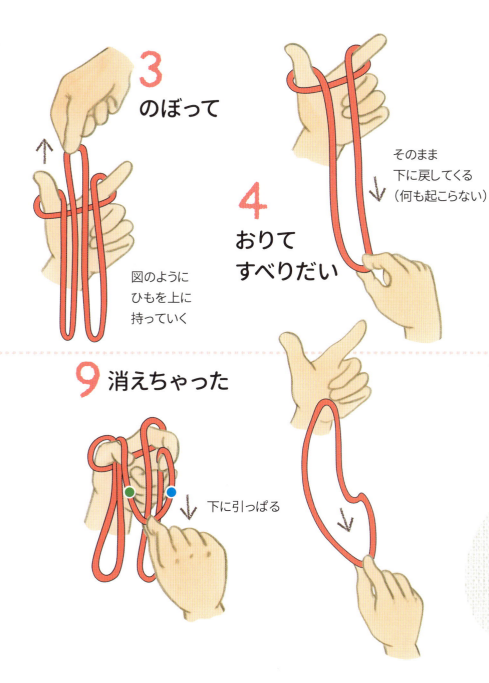

3 のぼって

図のように
ひもを上に
持っていく

**4 おりて
すべりだい**

そのまま
下に戻してくる
（何も起こらない）

9 消えちゃった

下に引っぱる

**5 次に花ちゃんがすべります
すべりだい　のぼって
おりて　すべりだい**

「すべりだい」と言いながら
すべりだいの形（2の形）を見せ、
3、4 をくり返す

 **ひ と こ と**

とてもかんたんなのですが、言葉を入れてリズムに合わせてやると、きっとだまされてくれます。どんな手品でもそうですが、手元を見ずに、子どもたちのほうを見ながらササッとやるのがコツです。

あやとり貸して

指から指へとあやとりが
移動していくあそびです。
ひもをねじる方向に
よって、
右に移動したり、
左に移動したりします。

※手のひらは、子どものほうに向けます

1 お父さんが あやとりあそびを していました

右親指にひもをかける
← ひもはこういうふうに持つ

2 お母さんが「あやとり貸して」と言いました

手首を手前に返し、ひもをねじる

6 お兄さんが「あやとり貸して」と言いました

＊ひもの持ち方
ひもを持ち変える

手首を手前に返し、ひもをねじる

7 お母さんが「どうぞ」と言って

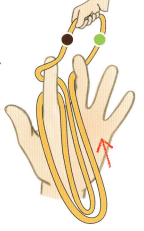

人さし指と中指の間を通って
ひもを上に持っていき、
●のひもを人さし指に、●のひもを中指に
それぞれかけて、

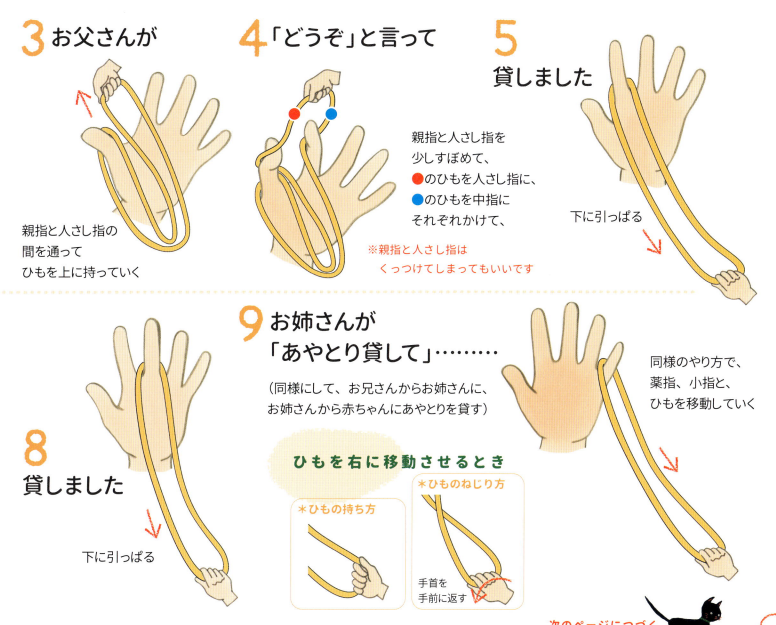

10
赤ちゃんが
あやとりあそびを
していると
お姉さんが
「あやとり返して」
と言いました

＊ひもの持ち方

手首を
向こう側に返し、
ひもをねじる

11
赤ちゃんが
「どうぞ」

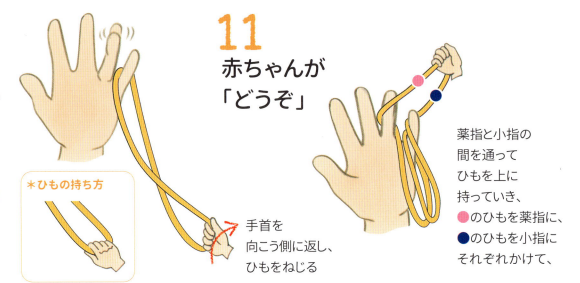

薬指と小指の
間を通って
ひもを上に
持っていき、
● のひもを薬指に、
● のひもを小指に
それぞれかけて、

12 と返しました

下に引っぱる

13 お姉さんがあやとりあそびを
していると………

（同様にして、お兄さん、お母さん、
お父さんにと順々にあやとりを返す）

ひもを左に移動させるとき

＊ひもの持ち方

＊ひものねじり方

手首を
向こう側に返す

同様のやり方で、
親指まで
ひもを戻していく

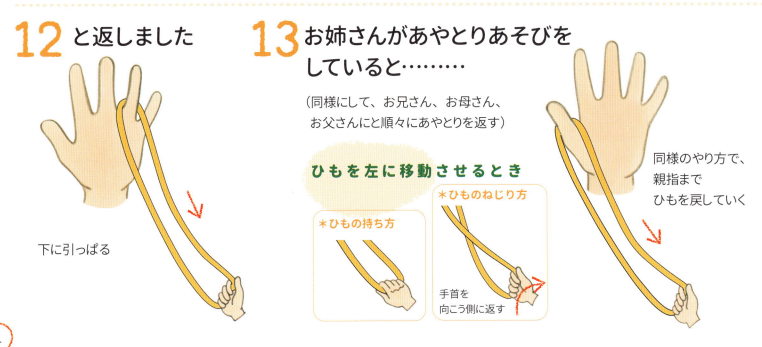

お父さんから赤ちゃんにあやとりを貸すには

となりの指でなくても、貸したり返したりできます。
やり方は、となりの指の場合と同じです。

＊ひもの持ち方

手首を手前に返し、
ひもをねじる

ひもを上に
持っていき

●のひもを親指に、
●のひもを小指に
それぞれかけて、

下に引っぱる

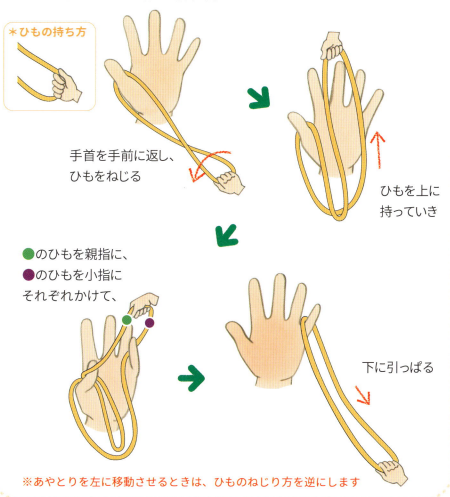

※あやとりを左に移動させるときは、ひものねじり方を逆にします

ひとこと

はじめ1本ずつとなりの指に移動して、そのあとお父さんから赤ちゃんに移動したり、お父さんからお兄さんに移動したりすると驚いてくれます。聞き手の子どもたちに、今度はだれに貸してあげようか？ と聞いて、子どもが指名した通りに移動させたり、ときには貸してと言われて断ったりしても楽しめます。

＊手袋人形を使ってもあそべます

手袋の指先に、フェルトをはりつけてペンで顔をかきます。
この手袋人形は、あやとりあそびだけでなく、家族が登場するおはなしあそびや、歌あそびなど、何にでも使えます。

なかよし家族

指にかけたひもが、
するすると抜ける
指抜きの手品あやとりです。
しっかりとかかったひもが、
いともかんたんにするすると
抜けるのが、爽快です。

1 5人の家族 なかよし家族

左手を見せる

2 縄をかついだ泥棒が

右手でひもを持ち、親指を立てる

4 まずお父さんに縄をかけ

左手

左手を横にして図のようにひもをかける

※手のひらは、子どものほうに向けておきます

5 お母さんを縛り上げ

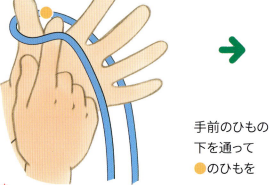

手前のひもの下を通って
●のひもを

3 ここのおうちにやってきた

右手

左手

右親指を左手の近くに持っていく

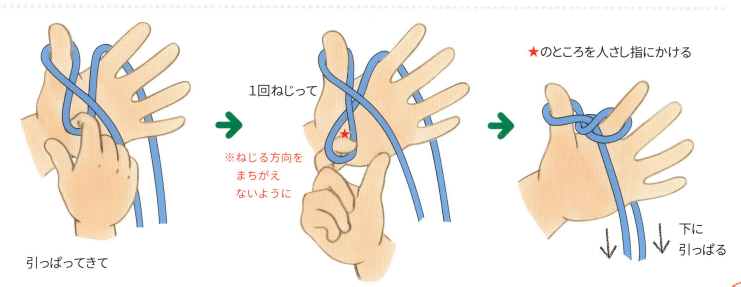

引っぱってきて

1回ねじって

※ねじる方向をまちがえないように

★のところを人さし指にかける

下に引っぱる

6 お兄さんを縛り上げ

同様に、
手前のひもの下を通って
●のひもを引っぱってきて

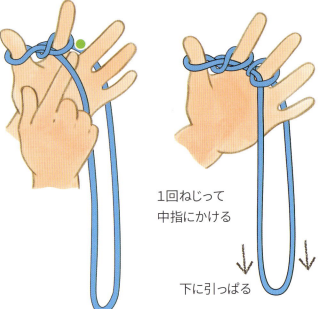

1回ねじって
中指にかける

↓

下に引っぱる

7 お姉さんを縛り上げ 赤ちゃんまでも縛り上げ

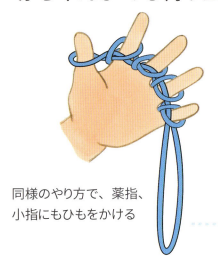

同様のやり方で、薬指、
小指にもひもをかける

＊ 手袋人形を使ってもあそべます

指のままでも楽しめますが、15ページで紹介した手袋人形を左手にはめて、右手の親指に泥棒の指先人形をはめておはなしするとより楽しくなります。泥棒は、黒い手袋の親指を切り取って作ります。

8 金庫はうしろの部屋らしい
「えーんえーん　助けてー」

右親指を左手の
うしろに隠し、
左手4本の
指をゆらす

左手

右手

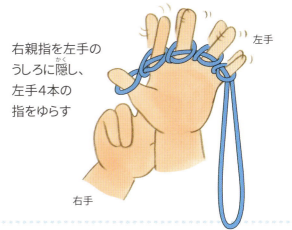

9 「心配するな　父さんが
　　縄をほどいてあげるから」

右人さし指と
中指で、
左親指の
ひもをはずす

※泥棒（右親指）が見えないようにします

ひとこと

昔から伝わる指抜きです。左手の指を家族に見立てておはなしにしてみました。

10 するするするとほどけたら

※右薬指と
　小指を折って
　泥棒（親指）を
　隠しておきます

右人さし指と中指で
手前のひもを引っぱる

右親指を
出してきて、
ひもを
ぐるぐる巻く

11 みんなで泥棒捕まえて
　　ぐるぐる巻きにしてしまえ

10人の子がからまった

両手の指抜きです。
両手の指にしっかりと
ひもをかけてから、
だれかに引っぱってもらうと、
するするすると抜けます。

1 ひもくぐりをしてあそびましょう

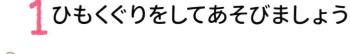

左右の小指にひもをかける

3 私もくぐる

同様に、
★のところに中指を入れて
●のひもをとる

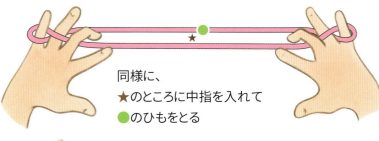

4 ぼくも私もくぐってあそぶ

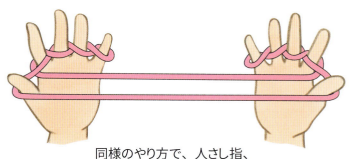

同様のやり方で、人さし指、
親指でひもをとっていく

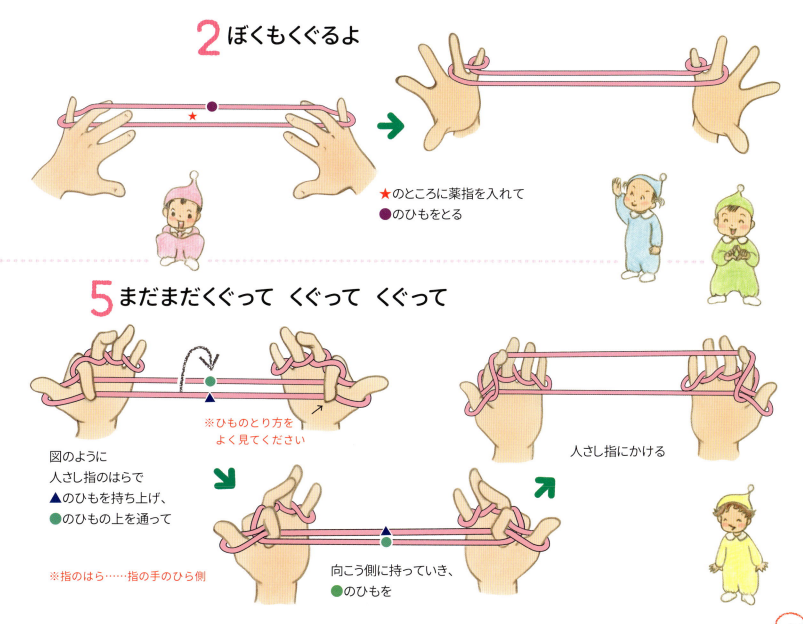

6 あそんで

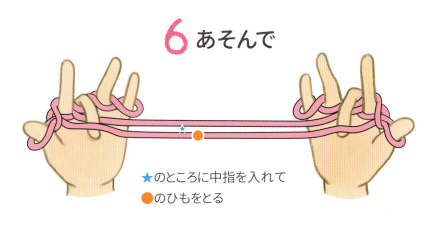

★のところに中指を入れて
●のひもをとる

7 いたら

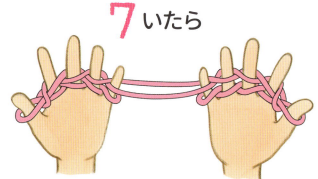

同様のやり方で、薬指、小指でひもをとっていく

9 「だれか助けて　助けてー」

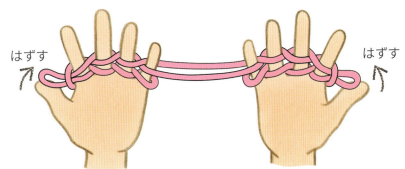

はずす　　はずす

さりげなく左右の親指のひもをはずす

10 助けてくれる？引っぱって

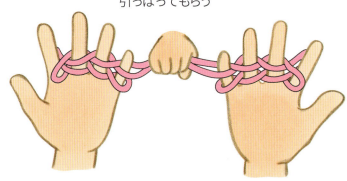

引っぱってもらう

図のようにひもをだれかに引っぱってもらう

8 「あれー　からまっちゃったー！」

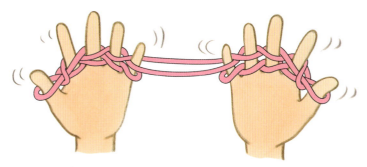

両手を動かして、ひもが抜けないことを見せる

ひとこと

5の親指のひもを人さし指にかけるところ以外は単純な動作のくり返しですから、おはなしで子どもを引きつけます。
8の「からまっちゃったー！」で指を動かし困った様子を見せてから子どもにひもを引っぱってもらうと、子どもは大仕事をした気分になって喜びます。

11 ありがとう！

ありがとう！

蚊（か）

あやとりで作った蚊、パチンと手を合わせると、消えちゃいます。

1 おじさん2人でつな引いて

左右の親指にひもをかける

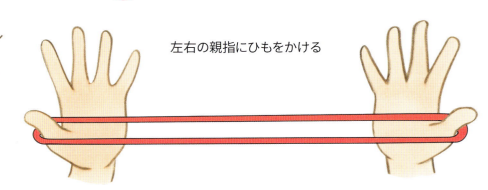

3 右手の赤ちゃん言いました

右の小指で●のひも2本を

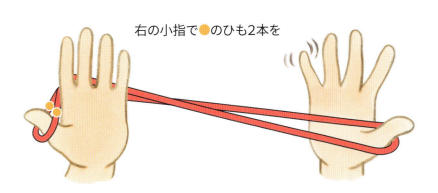

4 おじさん2本ちょうだいな

図のようにとってくる

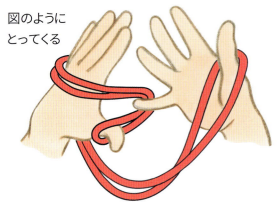

※ひものとり方をよく見てください

2 4人の子どもがつなくぐり

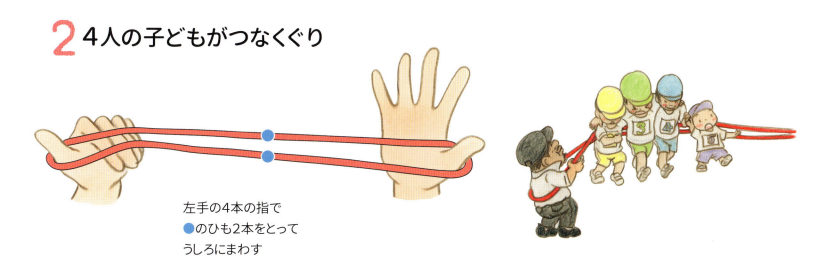

左手の4本の指で
●のひも2本をとって
うしろにまわす

5 左の赤ちゃん言いました

左の小指を★のところに入れて、●のひも2本を

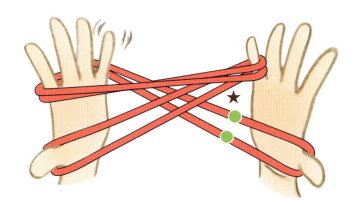

6 おじさん 2本ちょうだいな

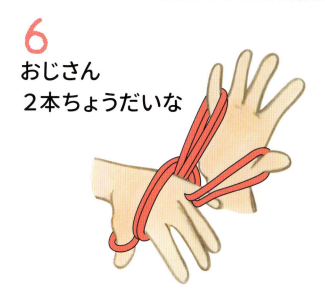

図のようにとってくる

7 うしろのつなをはずしたら

※左小指のひもを
はずさないように気をつけてください

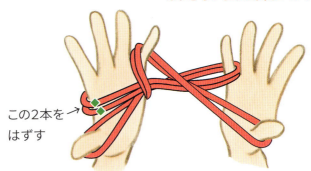

この2本を
はずす

◆のひも2本を4本の指からはずす

8 蚊（か）が出てきたよ　ブーンブーン

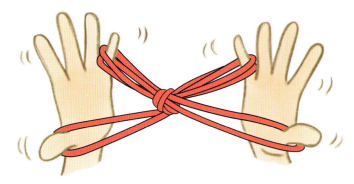

両手をゆらゆらさせながら、
結び目がまん中にくるようにする

10 刺される前にパチンとつぶす

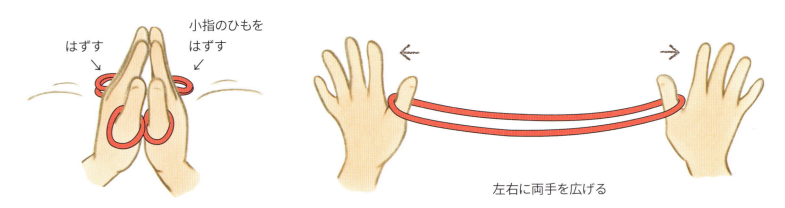

はずす　　小指のひもを
　　　　　はずす

左右に両手を広げる

手をパチンと合わせて、左右の小指のひもをはずし、

9 太郎ちゃんを刺そうとしたけれど

だれかを刺す
しぐさをする

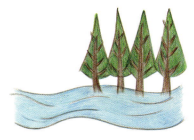

ひとこと

つぶしたあと、急いですぐまた蚊を作り、次の子を刺しに行く、そこが楽しいところです。すばやく蚊を作って次々と刺しに行くと、子どもたちが喜んでくれます。
私はこの「蚊」をアメリカで見せてもらいました。が、作り方を教えてくださったのは日本の國井あけみさんです。アン・ペロースキーさんの『The Story Vine』という本に載せたのが最初だとか。

11

でもまたすぐに蚊がきたよ
ブーンブーン　蚊がきたよ
花ちゃんを刺そうとしたけれど
刺される前に　パチンとつぶす

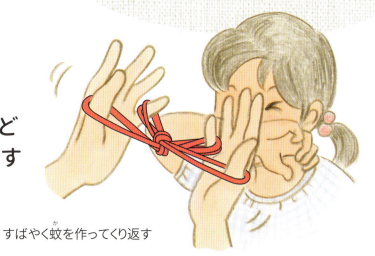

すばやく蚊を作ってくり返す

あくび

輪になったひもを
あくびに見立てたおはなしです。

1 大きな大きなあくび カバさんのあくび

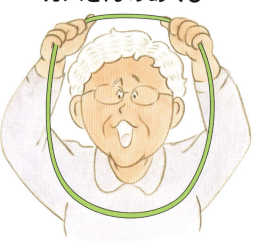

ひもを大きく広げて持つ

4 細いあくび キリンさんのあくび

2重の輪のまま、たて長にして持つ

5 お父さんのあくび

さらにひもを半分に折って、4重の輪にして持つ

6 お母さんのあくび

4重の輪のまま、たて長にして持つ

2 細いあくび
ワニさんのあくび

たて長に持つ

3 大きなあくび
ライオンさんのあくび

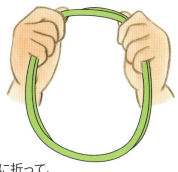

ひもを半分に折って、
2重の輪にして持つ

7 ぼくのあくび

さらに半分に折って、
8重の輪にして持つ

8 赤ちゃんのあくび

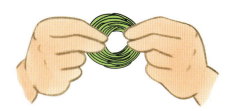

さらに半分に折って、
16重の輪にして持つ

2重の輪にするには

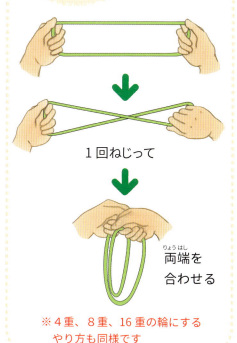

1回ねじって

両端を合わせる

※4重、8重、16重の輪にする
やり方も同様です

ひとこと

これは門井すみ子さんに教えていただいて、ちょっとアレンジしました。

大きな おうち

あやとりの輪を
おうちに見立てて、
横にのばした
あやとりの道を歩いて
おさんぽします。

1 大きなおうちがありました
だれのおうちでしょう？

ひもを大きく広げて持つ

2 私のおうちです

輪を顔の前に持っていく

5 中ぐらいのおうちがありました
だれのおうちでしょう？

ひもを半分に折って、
2重の輪にして持つ

※2重の輪にするやり方は
29ページを参照してください

6 こんこんこんにちは
キツネさんの
おうちでした

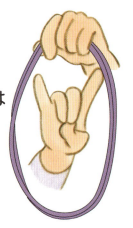

右手でキツネの形を
作って輪から出す

3 大きなおうちの前には　長い道がありました

ひもを横にのばして持つ

4 てくてくてくてく　てくてくてくてく
てくてくてくてく　歩いて行きますと

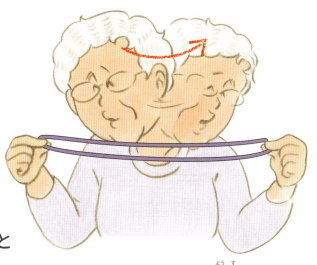

顔を右から左に動かして歩いて行く様子をあらわす

2重の輪のまま横にのばして持ち、
顔を右から左に動かす

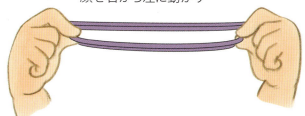

7 中ぐらいのおうちの前には
中ぐらいの道がありました
てくてくてくてく　てくてくてくてく
歩いて行きますと

8 小さなおうちがありました
だれのおうちでしょう？

さらにひもを半分に折って、
4重の輪にして持つ

9 ぴょんぴょん
　　ウサギさんのおうちでした

右手をチョキの形にして輪から出す

10 小さなおうちの前には
　　短い道がありました
　　てくてくてくてく　歩いて行きますと

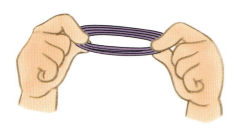

4重の輪のまま横にのばして持ち、
顔を右から左に少し動かす

13 また登り坂　てっくてっくてっくてっく　歩いて行きますと
　　また下り坂になりました　てくてくてくてく
　　また登り坂　てっくてっくてっくてっく………

山を登っているように
だんだん
ひもを上に持っていく

登り坂は急な
坂にする

下り坂は
ゆるやかな坂にする

11、12 を何回かくり返し、最後は登り坂にし

11 登り坂になりました
てっくてっくてっくてっく
歩いて行きますと

ひもを左上がりのななめに持ち、
「てっくてっく」をゆっくり言う

12 少し下り坂になりました
てくてくてくてく

ひもを左下がりのななめに持って、
「てくてくてくてく」を早口に言う

ひとこと

これも門井すみ子さんにヒントをいただきました。キツネとウサギでなく、兄弟の名前を入れても楽しめます。36ページに、別のあそび方を紹介しています。

14 山のてっぺんに着きました
展望台がありました
望遠鏡をのぞいてみたら

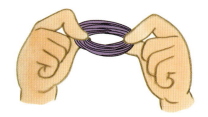

さらにひもを半分に折って、
8重の輪にする

15 あら、花ちゃんが見えました

輪からのぞいて子どもの名前を言う

テーブルあやとり

あやとりのひもを
テーブルに置いて、
子どもと一緒に三角や
四角を作ったり、
それを合わせておうちに
したりしてあそびます。
ウサギやゾウも
作ってみましょう。
形は少し違っても、
見立ててあそぶことも
また楽しいところです。

三角

1 ここを おさえていてね

子どもの手

子どもに、人さし指でひもの端のところをおさえてもらう

2 三角形のできあがり

大人が、もう一方の端を左右に広げて、三角形を作る

大人の手　大人の手

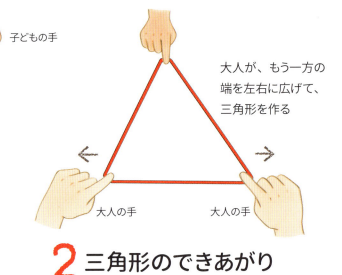

四角

1 こことここをおさえていてね

子どもの手　子どもの手

子どもに、両手の人さし指でひもの端のところをおさえてもらう

2 四角形のできあがり

大人が、もう一方の端を左右に広げて、四角形を作る

大人の手　大人の手

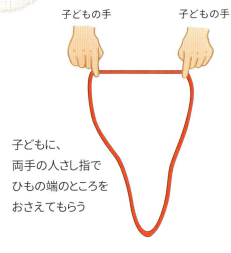
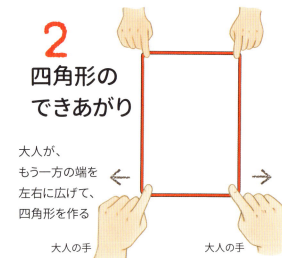

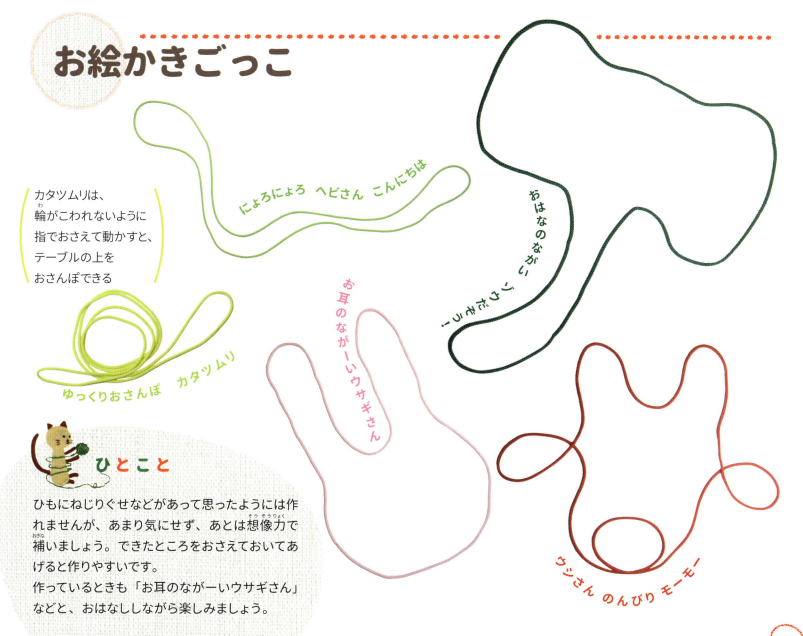

テーブルあやとり

電車ごっこ

ひもを電車に見立てて、
子どもの手をお客さんにして
テーブルの上を動いてあそびます。

両手の人さし指と中指をあしのように立て、
ひもの輪(わ)の中に入れて、
テーブルの上を大人と子どもで一緒に歩く
子どもは途中(とちゅう)の駅で
乗ったり（ひもの中に入る）、
降りたり（ひもの外に出る）する

◇◇行(いき)電車、
発車しまーす

親指でひもをおさえる

ひとこと

「×× 駅でーす」「乗せてください」
「発車しまーす」「◇◇駅でーす。
お降りの方はお忘れ物のないように
願います」など、駅員さんのセリフ
は子どもたちのほうがお得意(とくい)ですか
ら、きっと楽しくあそべるでしょう。

30ページで紹介した「大きなおうち」も、テーブルに置いて
おはなしすることもできます。
「わたしのおうち」と言うときは自分を指さし、キツネさんや
ウサギさんのおうちのときは、テーブルに置いた輪(わ)の脇(わき)で、キ
ツネやウサギの形にした右手を動かします。
道をてくてく歩くところは、人さし指と中指で作ったあしで、
ひもの上を歩くように動かします。

第2章 作ってあそぼう

子どもと一緒に作ってみましょう

あやとりのやり方を、
リズムのある言葉に
してありますので、
手あそびのように、
唱(とな)えながら歌いながらあそぶと、
覚(おぼ)えやすいでしょう。
子どもと一緒に
楽しくあそんでみてください。

はじめてあやとりであそぶときに
引っぱりほうき

※大人が自分の手で1〜6まで作り、7のところだけ子どもにやってもらいます

「引っぱりほうき」を作るのは子どもにはむずかしいですが、はじめてあやとりであそぶときに、最後の部分、ひもを引っぱるところを子どもにやってもらうと、あやとりの楽しさを実感できて、あやとりの世界にスムーズに入っていけるようです。

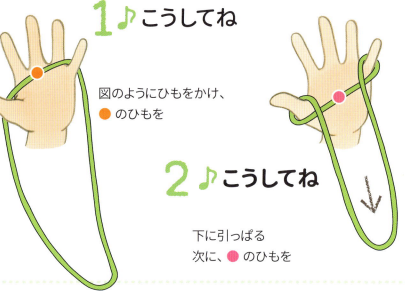

1 ♪ こうしてね
図のようにひもをかけ、● のひもを

2 ♪ こうしてね
下に引っぱる
次に、● のひもを

5 ♪ こうなるの

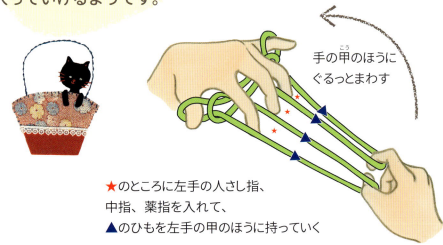

手の甲のほうにぐるっとまわす

★のところに左手の人さし指、中指、薬指を入れて、
▲のひもを左手の甲のほうに持っていく

6 さぁ、ここを引いてごらん、何ができるかな？

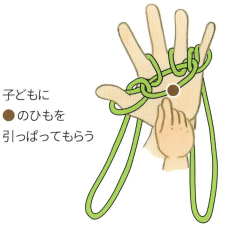

子どもに ● のひもを引っぱってもらう

3 ♪こうして

下に引っぱる

4 ♪こうしてこうしてね

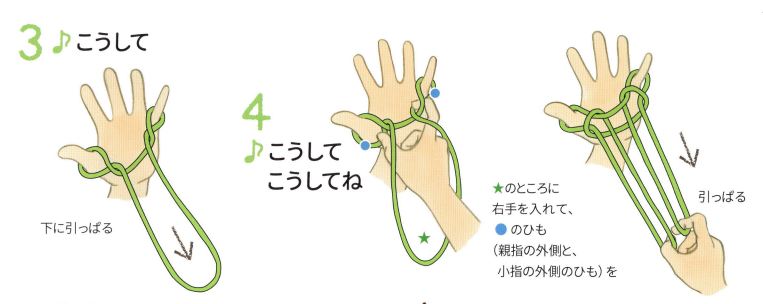

★のところに右手を入れて、●のひも（親指の外側と、小指の外側のひも）を

引っぱる

7 いち、にぃ、さん！ほら、ほうきができました

引っぱる

ひとこと

黙ってやって見せるのではなく、歌いながらやると楽しくなります。でまかせの歌でいいのですが、私はこんな歌を長くしたり、はしょったりしながら歌っています。
作ったあとは「きれいにしましょ」（46ページ）を歌いながら、手のひらやひざの上をはいてあそびましょう。

♪こうしてね

藤田浩子　作詞・作曲

こうしてね　こうしてね
こうしてこうしてこうしてね
こうしてね　こうしてね
こうしてこうしてこうなるの

39

たいこ橋
(あやとりの基本形)

「たいこ橋」はあやとりの基本の形です。
これを使って、いろんなあやとりができます。
あとで紹介する「あやとりうらない」や
「輪落とし」などの手品では、
中指でひもをとる順番が
カギになりますので、
この本では
右手中指から先に
ひもをとるのを
基本にしています。

1 親指さんにひもをかけ

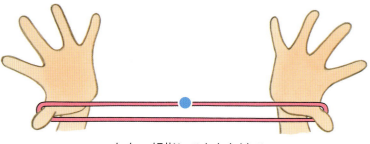

左右の親指にひもをかけて、
●のひもを

3 右中さん、左手のひもをとってきて

右中指でとってくる
次に、●のひもを

4 左中さん、右手のひもをとってきて

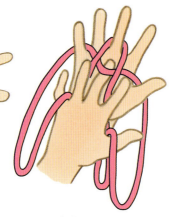

左中指でとってくる

2 小指でそれを引いてきて

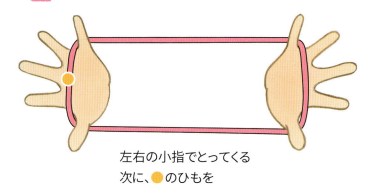

左右の小指でとってくる
次に、🟡のひもを

5 ほぉらできたよ　たいこ橋

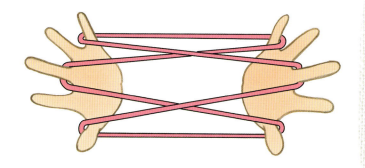

ひとこと

3歳を過ぎると、「なんさい？」「さんさい」と指を3本出せるようになります。これは、5本の指をそれぞれに動かすことができるということで、4歳半から5歳になると、かなり自由に動かすことができるようになりますから、好きな子ならあやとりに「はまり」ます。

昔「習い事は6歳の6月6日から」という言葉がありました。数え年の6歳は、今の4歳半から5歳です。その年齢になると指がそれぞれに動かせるようになるので、女の子なら糸取りから機織り、縫い物や編み物、そして三味線やお琴も習い始めたのでしょう。男の子なら肥後守（小刀）を持たせて、工作をさせました。指を動かすと脳も発達することを昔の人は知っていたのでしょうか、指を動かす仕事やあそびをたくさんさせました。

あやとりうらない

手に巻いたひもが
するりと抜ける手品です。
「たいこ橋」を作るときの、
中指でひもをとる
順番によって、
するりと抜けたり、
抜けなかったりします。

1 太郎ちゃんが
お弁当を残さず食べるか
どうかうらないます
さぁ、片手を出してください
まずはひもを巻きつけて、

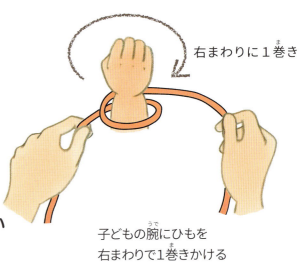

右まわりに1巻き

子どもの腕にひもを
右まわりで1巻きかける

4 残すかな？ 残さないかな？

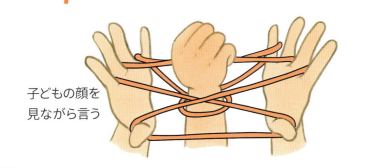

子どもの顔を
見ながら言う

5 サッとはずれて大成功！
残さず食べる
太郎ちゃんでした！

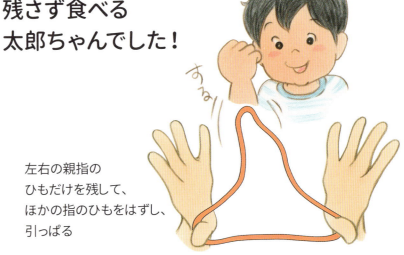

左右の親指の
ひもだけを残して、
ほかの指のひもをはずし、
引っぱる

2 私がたいこ橋を作ります

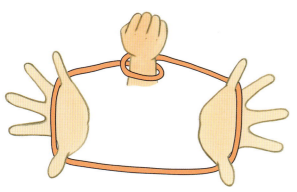

「たいこ橋」(40ページ)を作る
※中指でひもをとる順番は右手から先にします

3 この橋のまん中に、太郎ちゃんの手を入れますと…、

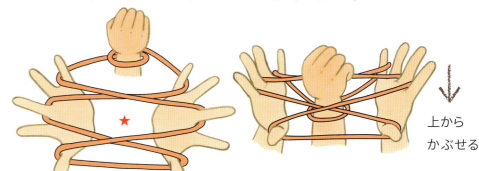

子どもの腕に上から
★のところをかぶせる

上から
かぶせる

反対の結果を出すには

2で「たいこ橋」を
作るときに、
左手の中指から
先にひもを
とってくる

※1のひもの巻き方と、
3～5のやり方は同じです

ひとこと

昔から伝えられてきた「腕抜き」を「うらない」にしてみました。ほかにも、おさんぽのときに元気に歩けるかどうか、機嫌よく起きられるかどうか、泣き虫かどうか、などなど、いろいろあそべます。
大人相手に悪い結果を出し、それから子どもに良い結果を出すと、信じてくれます。
子どもにやるときは、必ず良い結果で終わることが大事です。大人はあそびのつもりでも、子どもは案外真剣です。
うらないで、お弁当を「残さない」と出たのに残したくなったときは、「あのうらない、当たらなかったね、今度別のひもでやると当たるかもしれないよ」とひものせいにしておきましょう。

輪落とし

「たいこ橋」が作れる子なら
すぐできる
やさしい手品です。
あやとりのひもを、
輪（ヘアゴムなど）に
通してから
「たいこ橋」を作ります。

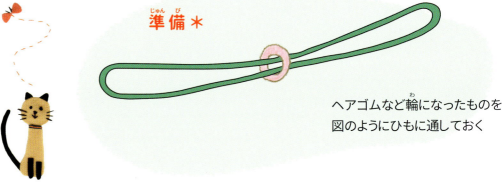

準備＊

ヘアゴムなど輪になったものを
図のようにひもに通しておく

1 親指さんにひもをかけ
小指でそれを引いてきて
右中さん、左手のひもをとってきて
左中さん、右手のひもをとってきて
ほぉらできたよ　たいこ橋

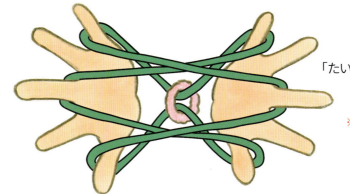

「たいこ橋」（40ページ）を作る

※中指でひもをとる順番は
　右手から先にします

ひとこと

パンパンのパーン！　で輪がポロッと落ちて快感。とにかくじょうずにできると、子どもは得意になっていろんな人に見せたがります。見せられた人は驚いてあげましょう。
おかしを入れた袋をひもに通して、「だれのところに飛んで行くかな？」と言って飛ばしても楽しめます。

2 パンパンの

左親指の→ひもを残す
右中指のひもを残す

パンパンッと手をたたき、
※ひもを残すところをしっかり頭に入れて

3 パーン！

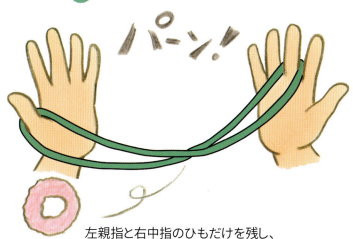

左親指と右中指のひもだけを残し、
ほかの指のひもをはずし、左右に引っぱる

パンパンほうき

小さい子でも作れるかんたんなほうきです。手品のようにやると楽しいです。

「たいこ橋」(40ページ) 1、2と同じやり方で左右の親指と小指にひもをかけ、●のひもを

1 親指さんにひもをかけ小指でそれを引いてきて

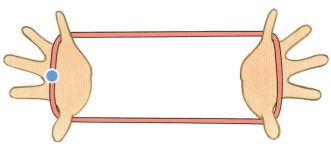

3 左中さん、ねじらずそのままとってきて

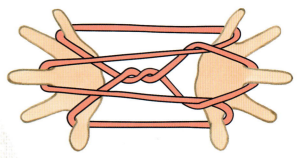

左中指でねじらないでとってくる

ひとこと

手品はなんでもそうですが、大げさにするとおもしろくなりますので、「パンパン ほうき!」と子どもの目の前ですると喜んでくれます。

♪ きれいにしましょ

藤田浩子 作詞・作曲

よごれたおへやを きれいにしましょ ほうきではいて きれいにしましょ
シャッシャッ シャッシャッ シャッシャッシャッ ほら きれいになったでしょ

2 右中さん、ねじってねじってとってきて

右中指で
2回ねじってから

指にかける
次に、● のひもを

4 パンパン

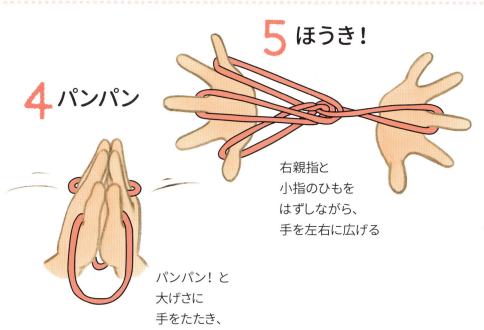

パンパン！と
大げさに
手をたたき、

5 ほうき！

右親指と
小指のひもを
はずしながら、
手を左右に広げる

6

歌いながら
あちこち
はくまねをする

♪ よごれたお部屋をきれいにしましょ
ほうきではいてきれいにしましょ
シャッシャッシャッシャッ
シャッシャッシャッ
ほらきれいになったでしょ

ぶんぶく茶がま
A 自分の手とパチン

1本のひもを2人で使うあやとりです。
少し長めのひも（160cmくらい）を使いましょう。

準備＊

① 子どもに「たいこ橋」（40ページ）を作ってもらう
次に、●のひもを

② 図のように大人の左右の親指と小指にかけて

大人の手／子どもの手／子どもの手／大人の手

③ 「たいこ橋」を作る

④ 大人も子どもも、中指のひもだけを残し、ほかの指のひもをはずす

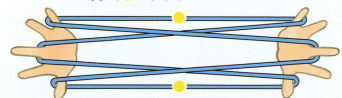
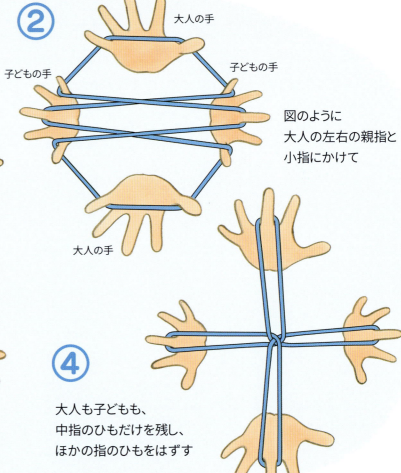

1 ぶんぶく

大人が左右にひもを引っぱって、
子どもが手をパチンと合わせる

2 茶がまで

子どもが左右にひもを引っぱって、
大人が手をパチンと合わせる

3 茶ぁわか

1と同じ

4 し

2と同じ
以下、同様に歌いながら、
1、2 をくり返す

ひとこと

「ぶんぶく茶がま」の歌は、仙台の金子きくえさんに教えていただきましたが、ほかに「お正月の餅つき」や「どんぐりころころ」など、なんの歌でもできます。子どもが知っている歌を使って楽しみましょう。

♪ **ぶんぶく茶がま**

ぶんぶく	茶がまで	茶ぁわか	した
1ぱい	飲んだら	熱かっ	た
2いはい	飲んだら	ぬるかっ	た
3ばい	目ぇには	ちょうどい	い

ぶんぶく茶がま
B 相手の手とパチン

② 大人の手と子どもの右手で「たいこ橋」（40ページ）を作る

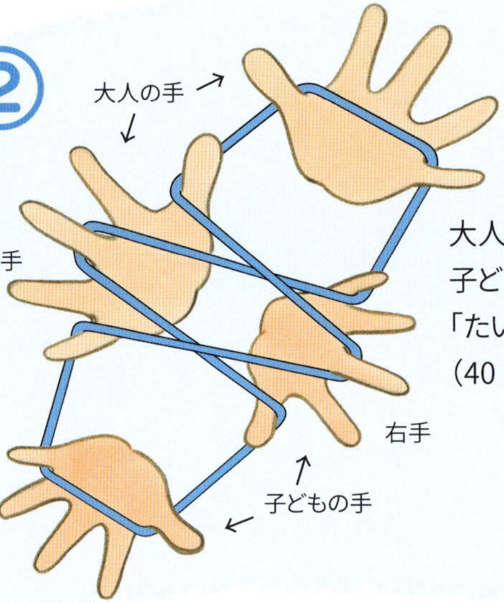

右手 / 右手 / 子どもの手

準備＊

① 図のように2人でひもをかける

大人の手と子どもの手が
パチンと合わさる
「ぶんぶく茶がま」です。
2人で息を合わせて
引っぱらないといけないので、
少しむずかしいかもしれませんが、
できると楽しいです。
手を合わせてあそぶと、
だんだん心も合ってきます。

1 ぶんぶく

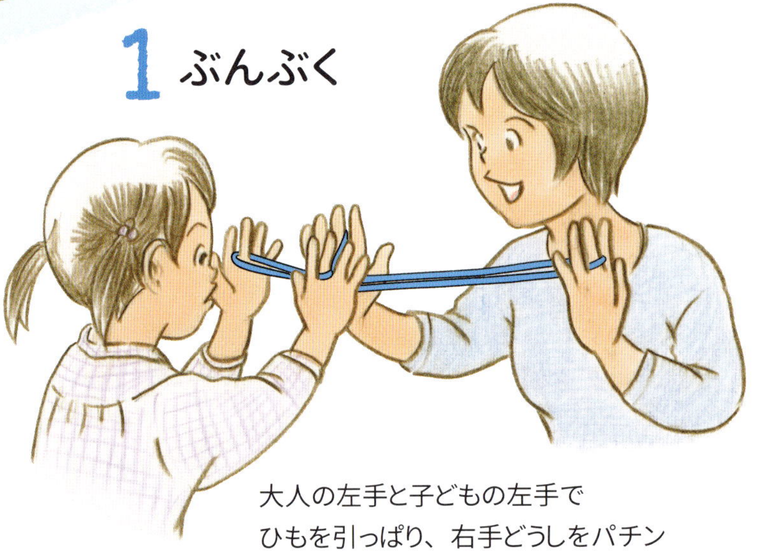

大人の左手と子どもの左手で
ひもを引っぱり、右手どうしをパチン

※歌は「ぶんぶく茶がま A」（49ページ）と同じです

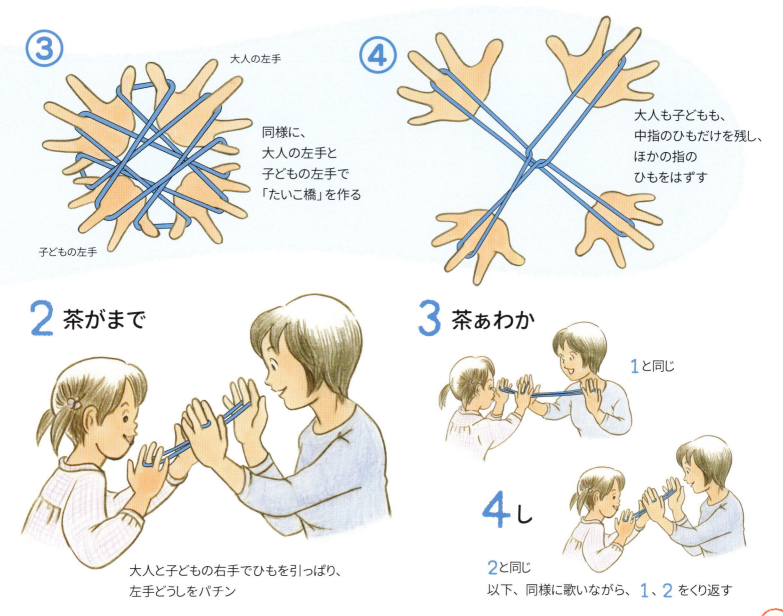

カニ

右手をぐるりとねじって、左親指のひもをとってくるところが少しむずかしいですが、そこができればあとはかんたんです。

1 たいこ橋を作ってね

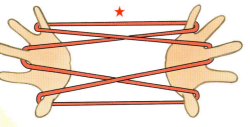

「たいこ橋」(40ページ) を作る

2 そのまま右手をひねったら

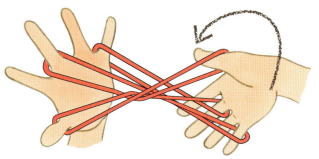

右手を向こう側に倒すようにねじって、親指を1の★のところに持っていく

ひとこと

みんなで作って並んで歩く、最後が楽しいあやとりです。
3のところで、右親指でひもをとるとり方によって、カニの形が違うようです。

6 前からあるひも はずしてごらん

左右の親指にかかっている下のひもをそれぞれはずす

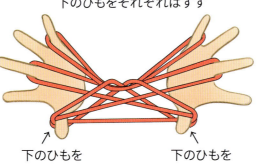

↑ 下のひもをはずす　　↑ 下のひもをはずす

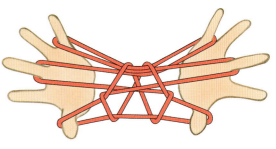

3 左の父さん ひもください

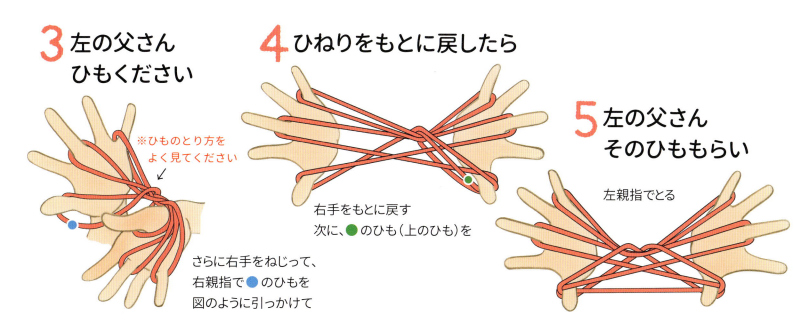

※ひものとり方を よく見てください

さらに右手をねじって、右親指で🔵のひもを図のように引っかけて

4 ひねりをもとに戻したら

右手をもとに戻す
次に、🟢のひも（上のひも）を

5 左の父さん そのひももらい

左親指でとる

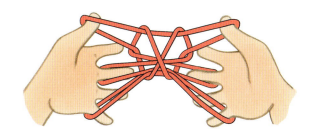

7 ほぉらカニさん できあがり

親指が上になるように手の角度を変えて、カニの形を見せる

8 みんなで並んで歩きましょう
カニさん　カニさん　横歩き
カニさん　カニさん　横歩き

さかずきの変身
(連続あやとり)

次々と形が
変わっていく
連続あやとりです。

1 たいこ橋がありました

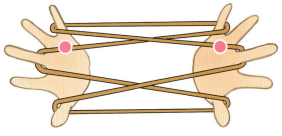

「たいこ橋」(40ページ)を作る
次に、●のひもを

2 父さん1本とってきて

左右の親指でそれぞれとってくる
次に、◆のひもを

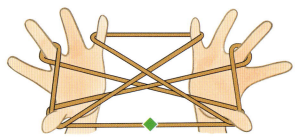

5 大きなさかずきできました
お父さんの好きなさかずき、
お酒を飲みましょ
ごくごくごく

親指が上になるように
手を回転させ、
さかずきの形を見せて、
お酒を飲むしぐさをする

6 お母さんのかけるエプロン

左右の親指のひもをはずす

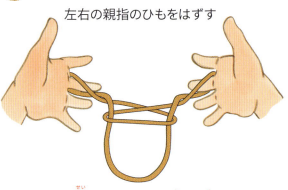

※ナイロン製のひもだと、エプロンができません
「ひとこと」(55ページ)を参考にしてください

3 下のひもをはずしましょう

左右の親指からはずす

4 赤ちゃんのひも はずしたら

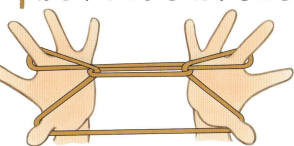

左右の小指の
ひもをはずす

ひとこと

昔毛糸のあやとりひもであそんでいたころのあそびです。
ナイロン製のひもだとすべりがよくて、すぐに豆電球になってしまいます。
エプロン、豆電球のところを別の物に変えてもいいですし、もし、毛糸があれば、それを使ってみてください。
エプロンのところを東京タワーに変えたあそび方を 56 ページで紹介しています。

両手を左右に
少しずつ広げる

7 寝るときつける豆電球

8 お兄さんの使うものさし

さらに左右に広げる

エプロンのところを東京タワーにするやり方

さかずきを作ります（54〜55ページの 1〜4）

5 大きなさかずきできました
お父さんの好きなさかずき、
お酒を飲みましょ
ごくごくごく

さかずきの形を見せてお酒を飲む
しぐさをしたら、▲のひもを

6 口でくわえて
東京タワー

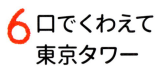

口でくわえ、
左右の親指から
はずす

7 寝るときつける豆電球

口からひもをはなす

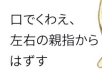

8 お兄さんの使うものさし
（55ページの 8 と同じ）

※毛糸のひもを使えば
東京タワーのあとにエプロンが作れます

編著者＊藤田 浩子（ふじた ひろこ）

1937年東京に生れる。福島県三春町に疎開、昔話を聞いて育つ。西小岩幼稚園など幼児教育にたずさわって 50年余り。短大・専門学校の幼児教育科講師。全国各地の幼稚園・保育園・図書館・保健所・公民館等で、若いお母さんたちにわらべうたやあそびを伝えたり、子育て講演会を行っている。

主な著書＊

『おはなしおばさんの小道具』（正編・続編）『詩でダンス・ダンス』『こっちむいておはなしおもちゃ』『赤ちゃんのあやし方・育て方』『おはなしの小道具セット』（①〜⑥）『おばけの森』『桃太郎パズル』ほか（以上、一声社）
『かたれやまんば』（全5巻）『かたれやまんば番外編』（全2巻）『エッセイ集しったかぶり』（以上、藤田浩子の語りを聞く会）
『あそべやまんば』（①〜③）（むかしあそびの会）
『絵本は育児書』『わらべうたあそびこのゆびとーまれ』（以上、アイ企画）

イラストレーター＊保坂 あけみ（ほさか・あけみ）

1964年福島県郡山市生まれ。物ごころがつく頃からマンガを読むこと、描くことに親しむ。長男の出産を機に本格的にイラストを描き始める。親子で育つ「風の子」サークルに親子で参加して以降、サポーターとして会の運営にたずさわり、現在代表を務める。『赤ちゃんのあやし方・育て方』『絵本は育児書』等の挿絵を担当している。

ひもさえあれば いつでも・どこでも楽しめる❶

藤田浩子の あやとりでおはなし

2017年2月1日　第1版第1刷　発行

編著者　藤田 浩子 ©
絵　　　保坂 あけみ
デザイン　石山 悠子
発行者　米山 傑
発行所　株式会社一声社
　　　　東京都文京区本郷 3-11-6 浅香ビル 1F
　　　　TEL03-3812-0281 ／ FAX03-3812-0537
e-mail　info@isseisha.net
ホームページ　http://www.isseisha.net/
印刷所　株式会社シナノ

乱丁・落丁本はお取り替え致します。

ISBN978-4-87077-265-6　© Fujita Hiroko 2017